LE MANUEL DE PRESENTATION DE LA PSYSIOLOGILOPHIE

© 2017, Antoine Dumanoir
Edition : BoD - Books on Demand
12/14 rond-point des Champs Elysées, 75008 Paris
Imprimé par Books on Demand GmbH, Norderstedt, Allemagne
ISBN : 9782322084135
Dépôt légal : septembre 2017

Table des matières

REMERCIEMENTS... 9

Présentation... 11

TOUR D'HORIZON...15

GERMINATION... 23

THAÏSSA..25

ETERNEL !..27

CHANGEMENT DE CAP..29

EXPLICATION..33

La méthode Psysiologilophie... 37

EPILOGUE... 41

IMPORTANT !!!..43

REMERCIEMENTS...

Tout d'abord je me dois de remercier tous ceux qui ont participés à l'élaboration de ce premier livre et surtout à mon évolution. En premier lieu je remercie La Création, sans qui je n'aurais pu être sur cette terre. Viens ensuite mes êtres de lumière et mes entités sur qui je compte beaucoup. Vient en suivant mon arrière-grand-mère. Puis entre en jeu mon père dit : Pierre Horn. Celui qui m'a tout appris et dont j'ai suivi les traces pas à pas d'années en années.

Je remercie de tout mon cœur mon Fils Alexandre, qui a travaillé d'arrache-pied, des heures, des jours, des mois entiers sans relâche, pour me diriger sur ma voie dont je suis aujourd'hui. C'est lui qui m'a poussé à éditer ce premier petit livre que j'appellerai un **(Manuel)** *d'où il y aura vous vous en doutez une suite de plusieurs volumes.*

J'aurais aussi une pensée pour ma Fille Fanny dont nos chemins sont pour l'instant séparés, mais qui a été présente pour m'accompagner auprès de mon père, son grand-père donc, à vivre auprès de lui quelques mois avant sa disparition. Elle a aussi été présente au tout départ de ma transition du monde dans lequel je vivais avant et celui que je vis maintenant. Il est donc normal que je la remercie affectueusement.

Vient maintenant les remerciements chaleureux que je porte à mes amis, à ceux et celles qui m'ont soutenu pour m'encourager à continuer et à rester ce que je suis. Je remercie notamment, Guy et Sylvette, qui m'ont toujours pris au sérieux, qu'ils ont compris ma démarche et ma manière de vivre sans jamais me jeter un mauvais regard. Je les embrasse chaleureusement et amicalement.

Je remercie aussi la Maison BOD sans qui mon livre n'aurait pu être édité.

Et enfin je me remercie Moi, pour tout le temps passé, depuis de longues années d'expériences et de tests. Je me remercie d'avoir traversé tous ses méandres de mon chemin de vie et d'être encore en vie pour pouvoir partager mon savoir, ma connaissance, en apportant un soutien et accompagnement pour ceux qui ont justement pendant quelque temps perdu leur chemin...

Présentation...

Je suis le précurseur, concepteur, créateur, fondateur et initiateur de la Psysiologilophie et de la méthode Psysiologique-philosophique.

Moi : *Antoine Dumanoir-Horn* *né le 17 Janvier 1959 à 22h15mn, sur la planète Terre, dans la ville de : Château-Thierry, dans l'Aisne (02), France.*

Ville de naissance de : *Jean De Lafontaine.*

Mon nom de naissance étant : Patrice, Yves, Antoine, LAMPERT. Devenu de mon vrai nom Astral : Antoine DUMANOIR, le 6 mars 2014 à 16h48 mn.

De descendance de mes aïeux, mon arrière-arrière Grand-Mère née en Russie, de mon Arrière Grand-Mère née en Tchécoslovaquie, diseuse de bonne aventure et guérisseuse, ayant traversée plusieurs contrées, régions et pays. Devenue Hongroise pour ensuite se marier avec mon arrière-grand-père Horn, né en Autriche, ayant servi l'armée Autrichienne et contribuer avec l'armée Américaine. Il était aussi : Le Chef D'Orchestre de la Cour Impériale de : L'Empereur François-Joseph D'Autriche.

En reconnaissance de mes aïeux et mes entités je porte aussi le nom de Horn. Qui m'a été attribué par mon père connu sous le nom de Pierre Horn, en Avril 2014, sous la présence de ma fille Fanny. Il m'a donné à moi la possibilité de transmettre à mon tour le nom de Horn à ma descendance.

Il m'a aussi transmis de Mars 2014 à Juin 2014, tous ses savoirs, ses secrets, pour faire perdurer dans le monde des Arts Divinatoires. Il m'a aussi donné le droit et l'autorisation, d'éditer tous ses futurs livres qui étaient en phase de terminaison et de pouvoir rééditer tous ses ouvrages déjà parus. Tout ceci en la présence de ma Fille Fanny.

Je suis le premier né de la nouvelle lignée des Horn, dans ma famille, je suis donc à juste titre l'héritier Premier et légitime... J'avais depuis le 5 Mai 2000 repris contact avec mon père, après une absence de treize ans et cinq mois. Je le voyais donc régulièrement depuis quatorze ans. Même si parfois il y avait des tensions -- entre nous j'étais malgré tout attiré à le revoir. Au début je ne savais pas trop pourquoi, mais au fil du temps j'en aie compris la raison.

J'ai avec ma fille Fanny eu la chance de revoir mon père pendant deux mois entier, du 16 Mars 2014 au 23 Mai 2014. Nous avons vécu ma fille et moi aux côtés de mon père qui en occurrence était le grand-père de ma fille. Nous avons vécu de la même manière que lui pendant ces deux mois. J'expliquerais plus tard dans un autre ouvrage.

Le samedi 27 Décembre 2014, mon père, Pierre Horn, à périt dans l'incendie de son Hermitage.

Fanny a quant à elle aussi reçu de son Grand-Père, des transmissions et informations, sur la voyance et le Magnétisme.

Quand à mon Fils Alexandre, qui était absent à cette époque, j'ai pu avec mon père discuter de son devenir. Je sais que mon père a transmis dans un des ouvrages un ou des messages s'adressant à mon fils. Sans que je ne lui dise rien, il a tout de suite trouvé de quoi il s'agissait.

Aujourd'hui je sais que mon père m'a ouvert les portes de l'Astral ! En fait il m'a préparé le chemin. Je reviendrais sur ce sujet plus tard… Je sais aussi qu'il a préparé mes enfants pour me soutenir dans mes futures démarches et actions. Là aussi j'y reviendrais plus tard…

Je vous aie livré là, mon identité ainsi que mes sources généalogiques, pour que vous puissiez mieux me connaitre et comprendre ma démarche.

Nous allons pouvoir maintenant entrer dans le vif du sujet…

Antoine Dumanoir-Horn…

TOUR D'HORIZON...

Avant d'arriver à la Psysiologilophie à proprement dit, je dois vous expliquer le départ et la naissance de celle-ci. C'est-à-dire son déroulement et l'évolution que cela a pris au fil du temps. Ce n'est pas venu comme cela du jour au lendemain, vous vous en doutez bien.

Il m'a fallu plusieurs années avant de comprendre dans quelle direction je m'engageais. Cela n'a pas toujours été facile loin de là ! J'ai souvent été dérouté de ma voie à suivre. Quoi que, je me demande malgré tout si tout cela n'était pas fait exprès pour mon évolution. Je dis que je me demande, mais en fait je sais aussi que cela ne pouvait pas se passer autrement. C'est une manière de parler ou de penser. Car notre chemin on le sait est tout tracé et cela depuis la nuit des temps. Savez-vous au moins ce que veut dire la nuit des temps ? Car là aussi il y a une explication...

Au moment où je commence à écrire ce livre je ne sais pas encore ou je me dirige, tout en sachant en même temps. Cela vient comme ça d'instinct comme pour faire une voyance. En fait, toute ma vie j'ai fonctionné comme cela, dans n'importe quelle branche que je me sois engagé. Toujours à l'instinct et au ressentis et quand je doutais et ne suivait pas mes ressentis et l'instinct premier, vous pouviez être sûr que pour moi c'était la catastrophe !!! Je le savais mais je fonçais tête baissée en sachant que je me trompais, comme si j'étais attiré par un aimant.

Aujourd'hui j'appelle cela une attraction. Donc parfois je vous parlerais de chose que je mettrai en suspend et que je reprendrai ensuite. Que ce soit dans les faits, gestes, actions, paroles ou écrits, l'attraction est présente en moi. Je me suis aperçu avec le temps qu'il y avait une raison à tout cela. J'ai découvert il y a peu de temps, l'attraction Astral. J'écris toujours Astral avec un grand A et sans e au bout. Je vous expliquerais là aussi plus tard, pourquoi. Il est normal que vous en connaissiez la raison…

Je pourrais très bien vous emmener du point A au point Z pour ensuite vous emmener au point L et revenir sur A. Rappelez-vous, tout à l'heure nous étions en train de parler sur la nuit des temps et je vous aie emmenez dans L'Astral ! Et si on remonte plus haut je devais vous parler du départ et de la naissance de la Psysiologilophie. Sachez que nous sommes en plein dedans. Cela pourra paraître complexe pour certains d'entre vous, mais je ferais en sorte que cela soit lisible et compréhensible pour la majeure partie de mes futurs lectrices et lecteurs. J'aurais un langage simple, le mien, celui qui me ressemble. Je sais par expérience qu'il est rare quand une personne ne me comprend pas. Quand j'écris c'est comme si je parlais et vice et versa. On me l'a souvent souligné ou fait la remarque. Je suis comme un aimant, les gens que je côtoie, ceux qui m'entourent, mes amis (es), sont subjugués à chaque fois que je prends la parole. J'ai pu remarquer, lors de réunions diverses où bien même festives, que nous soyons cinq ou six ou une trentaine, j'étais souvent dans le silence ; j'écoutais et entendais ce qui se disait. Parfois on me disait : « **Tu es bien calme. Tu vas bien ? On ne t'entend pas...** ». Je me sens bien dans ces moments-là ! Je ne suis plus seul avec moi-même, je profite de ses moments de partages et du moment présent. De temps à autres des petits groupes se forment et parlent chacun de leurs aventures, des choses de la vie, de refaire le monde. Vous connaissez tout comme moi, vous l'avez déjà vécue. Et puis vient le moment où je m'insère dans un groupe, dans une conversation. D'un coup un mot clé, une phrase clé, interpelle et petit à petit le silence se fait entendre. Je m'aperçois que je suis le seul à parler ! Vous en avez qui ont la bouche grande ouverte, les yeux ébahis, ils se tournent tous vers moi. Comme s'ils regardaient une émission intéressante où qu'ils participaient à une conférence. C'est ce qu'on appel : « ***L'attraction Astral !*** » ... C'est automatique chez moi, c'est l'effet que je procure autour de moi. Sans rien ne demander à personne ils m'écoutent et entendent ce que je raconte. Comme un conteur, un poète. J'aime jouer avec les mots, les faires danser, comme si j'interprétais une Symphonie musicale. Je suis le Chef D'Orchestre... Chacun à leurs manières transcrivent la musique des mots que je leurs transmet. Pas un seul ou une seule d'entre eux me coupe la parole. J'en aie même vu parfois lever le doigt pour demander une explication ou intervenir. Que cela soit des enfants, des adolescents, des jeunes adultes où des adultes de tous âges, tous fonctionnent à l'identique.

Les débats peuvent parfois être houleux ou animés mais il y a une chose que j'ai pu remarquer, c'est : « **Le Respect !** » ... Rien que pour cela je m'incline ! Et je les remercie tous !

Revenons-en à la nuit des temps ! Que veut dire pour vous la nuit des temps ? C'est celle que l'on connait, celle que l'on nous a décrite à travers les âges, les hommes scientifiques, les médias et aujourd'hui l'informatique. On nous parle de milliards d'années. Oui si on veut. On peut nous faire gober n'importe quoi, ou est la vérité dans tout cela ? On nous a inventé Dieu et le fils de Dieu. Nous avons été des milliards à le croire et puis un jour on nous invoque la tour de Babel et que c'est là que tout a commencé. Les gens se sont retrouvés à ne plus pouvoir se comprendre et du coup est née la multitude de religions, avec chacun son Dieu.

Avant il y eut les dieux du ciel ensuite sont venus les Dieux de la terre. Tenez un simple exemple : J'ai été pendant plusieurs années endoctriné dans la religion des Témoins de Jéhovah et quand je demandais aux responsables de me dire comment est né Dieu ?

Comment s'est-il créé ? Que ce soit en Champagne, ou dans les Pyrénées Orientales, pas un seul responsable n'a pu ou sut me répondre à cette simple question. Ha ! Ils étaient bien formés, comme des moutons ou des brebis.

Le jour où j'ai eu le droit de monter au pupitre, après plusieurs fois, un jour j'avais un sujet sur l'amour. Nous à ce moment-là, on était en pleine construction d'une nouvelle salle de réunion. Vous auriez vu toutes ses fourmis à l'œuvre, dont je participais moi aussi. Nous étions plus d'une centaine. Entre deux je préparais mon discours et nous avions ma femme et moi, bien sûr des amis étant témoins de Jéhovah. C'étaient des personnes âgées et ils m'avaient informé qu'ils se sentaient délaissés par la délégation. Car ils ne pouvaient pas trop se déplacés, vu leurs âges. Du coup j'ai changé mon discours en une après-midi et le soir venu de la réunion, je fis mon discours, à ma manière. Bien sûr je fus convoqué aussitôt la fin de la réunion dans un bureau entouré de mes bourreaux et du Président de la congrégation. J'ai eu droit à ma sentence celle d'être exclu pour un temps indéfini. On m'a rejeté la faute et mis une honte sur moi, car le pire de tout cela, n'est pas d'avoir dit ce que je pensais, mais à ce moment il y avait des frères et sœurs de toute la France de plusieurs congrégations. Mon mot fort dans mon discours était que notre congrégation était malade et que l'on plaçait la construction, l'autel pour Dieu Jéhovah, avant l'être humain. Cherchez l'erreur.

Quelques temps après j'ai appris que le Président avait forniqué avec, une jeune femme disciple...

C'est un exemple parmi tant d'autres ! Vous pensez que l'on s'écarte du principal sujet ? Non ! Pas du tout, on est en plein dedans, mais il faut savoir dire ce qu'il faut au moment où il faut. Je vous l'aie dit, j'aime à jouer avec les mots.

Donc la nuit des temps s'arrêterait elle à ça ? Bien sûr que non. Il faut remonter encore plus loin dans la mythologie. Et puis remontons encore jusqu'aux Dinosaures et encore avant quand la terre n'était que volcans. Et avant : Quoi ???

Revenons à la Genèse. Dieu créa l'Homme, c'est-à-dire Adam... Il prit une cote à Adam et créa Êve ???

Ensuite on a d'après les scientifiques, je cite : L'homme descend du singe, on vous le montre et on vous le prouve ???

Aujourd'hui sur les études scientifiques et extra humaines, on nous a inventé le petit bonhomme vert ???

Venons-en donc à ce qui va advenir de notre futur. On nous parle de réchauffement de la planète, les manques d'eau, la sécheresse, etc.... De quoi nous donner des frissons dans le dos. Ça y est on arrive à la fin ! Nous sommes arrivés au plus haut de l'échelle, en haut de la roue, le summum. On n'a plus rien à inventer.

Informatiquement c'est le top du top ! On a réussi à nous robotiser.

Même en médecine, on remplace vos membres par des membres en plastique ou en ferraille, vos organes vont être bientôt clonés. On nous mettra des puces dans le cerveau dès notre naissance comme ça on aura le contrôle sur nous. Si on ne plait pas où que l'on dérogera à la règle, on pourra nous éliminer facilement. Un virus sera intégré dans cette puce, il suffira alors à distance d'appuyer sur une touche et hop ! Fini !

C'est le monde de demain que vous avez accepté !

GERMINATION...

Comment est née la Psysiologilophie ? C'est tout un cheminement, il faut bien un début à tout. En fait c'est comme une naissance ! C'est comme un embryon qui évolue ensuite en se transformant petit à petit, pour devenir une création réelle et vivante. Bien sûr même après la naissance cela continue d'évoluer, de grandir. Ensuite viendra le moment des copies conformes suivies très rapidement des clones grotesques, des usurpateurs et imitateurs de tous genres. Ainsi va le monde !

Mais pour l'heure, il faut que je vous explique pourquoi et comment cela est arrivé. Cela germait en moi depuis plusieurs années au départ sans que je m'en aperçoive. Je pense que le déclic est arrivé quand j'ai retrouvé mon père dans les années 2000. Comme je disais dans le chapitre présentation, un rappel n'est pas mauvais, je suis issu d'une famille de voyants et Guérisseurs. Il est donc normal qu'à ma naissance j'en ai les gênes.

Comme cela faisait plusieurs années ou je n'avais pas touché à un arcane de tarot de Marseille, je m'y suis remis d'un coup. Là, j'ai eu envie d'écrire sur les tarots de Marseille, de ce que je connaissais et de ce que j'en ressentais. L'interprétation personnelle que je voulais lui donner. J'étais en train de créer : {**La Voyance Astral !**}. Je vous en parlerais dans un autre ouvrage...

Et puis les années passèrent, sans trop d'évolution, enfin c'est ce que je pensais à ce moment-là. En l'année 2010, ma vie pris un nouveau tournant, ce fut le jour de mon anniversaire que je me suis dit de devenir celui que j'aurais dut être depuis des années. Au départ je me disais : (**Que de temps perdu...**). Je me suis aperçu ensuite que je me trompais à ce sujet. Je me suis cherché pendant quelques temps. Je venais de faire la rencontre d'une personne assez extraordinaire et quand je dis extraordinaire c'est dans tous les sens du terme, que cela soit au sens propre comme au figuré... Je ne peux qu'à ce stade vous en conter une partie.

Sachez que pour l'instant nous sommes toujours dans le vif du sujet de cet ouvrage, nous n'avons nullement dérogé à la règle. Quand je dis-nous, c'est vous et moi, puisque je suis tout seul devant mon écran en pianotant sur mon clavier pour donner naissance à cet ouvrage.

<u>THAÏSSA...</u>

C'était en Juin de l'an 2010, le 12 exactement, vers 11h30, un samedi jour de marché. Le soleil était au rendez-vous...

J'ai eu du mal au début à retenir son prénom, mais croyez-moi, ensuite on s'en rappel pour la vie jusque dans l'éternité. C'est la Déesse même de l'éternité ! Son nom venait du fin fond de l'Atlantide, tout comme elle...

Elle m'a entrainé dans son monde, je m'y suis laissé aspirer, comme l'attraction Astral ! J'ai découvert avec Thaïssa le monde de L'Astral ! Mais pas seulement ! Elle m'a fait découvrir tout ce que je pouvais voir, entendre, écouter, toucher, sentir. C'était la spirale même, le tourbillon. Nous avons créé ensemble : « **Les Météores !** ». D'abord cela se ressentais dans ce petit village situé au pied des montagnes. Nous sommes dans le sud, le midi de la France, pas loin de la Frontière espagnole. Cette montagne est étrange, son altitude 2786m. Elle domine, elle aspire, elle est magnétique.

Dommage pour Monsieur le maire, de ne pas citer votre village, mais je tiens à garder une sorte d'anonymat, pour Thaïssa. Voir un peu d'intimité et de *secret. Mais si vous la rencontrez, lors d'une de vos escapades où d'une escale dans ce petit village, sachez qu'elle saura-vous conter mille et une merveille. Et si vous avez de la chance, vous aurez droit soit à une roue en pleine rue, soit une dance du monde d'où elle vient. Profitez-en pour lui remettre mon bonjour et ma gratitude que j'ai pour elle...*

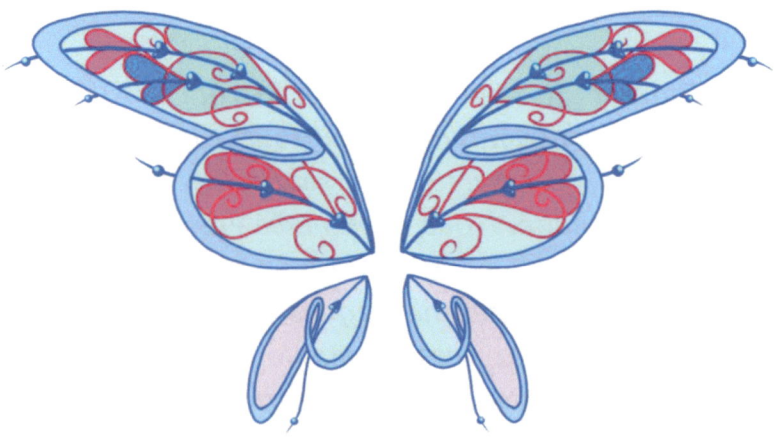

ETERNEL !

Oooh ! Toi Déesse de L'univers...

Déesse de l'Amour, Déesse pour toujours.

Tu m'as fait connaitre la souffrance,

Mais tu m'as accordée l'obédience.

De par ton extravagance, mais aussi de ton insouciance,

Tu m'as fait redécouvrir le monde de l'enfance.

Dans ce monde magique et féérique,

J'ai pu côtoyer lutins, lutines et dragons.

Et puis un jour sans faire de métaphore,

Nous avons joué les Météores.

Malgré plusieurs collisions et séparations,

Pour l'éternité, nous serons toujours en communion.

Oooh ! Toi Déesse de L'Univers...

Déesse de l'Amour, Déesse pour toujours.

Tu m'as ouvert les portes de L'Astral !

Afin que pour l'éternité je m'y installe.

Antoine Dumanoir-Horn...

CHANGEMENT DE CAP…

En l'an 2014, mardi 8 Juillet, 21h20, départ vers de nouveaux horizons. La décision était prise et bien mûre, si l'on peut dire ainsi. Oui ! Car cela faisait pratiquement deux ans que je prévoyais de faire un voyage accompagné ou seul.

La première fois cela devait être fin 2012 où je pensais aller au Pérou. Puis le temps passait et en Juillet 2013 nouvelle destination, les Îles Canaries. C'est une relation chanteuse, que Thaïssa connaissais qui nous en avait donnée l'idée, puisqu'elle connaissait l'endroit. Le départ aurait dû se faire en octobre de la même année avec Thaïssa…

Ensuite vient février 2014, où de nouveau l'envie de partir était présente en moi, toujours dirigée sur Les Îles Canaries, mais seul cette fois-ci. Cela aurait pu se faire mais les astres en ont décidé autrement.

Début mars de cette même année, ma fille est venue me rendre visite pendant une dizaine de jours et m'as bien prédit un voyage, mais pas celui que j'attendais. Elle me parlait de pèlerinage et dans la région de la Provence, même si elle voyait aussi la montagne. Je commençais à cette époque à marcher de plus en plus et surtout dans la Montagne des Pyrénées

Orientales au pied du Mont Canigou. J'étais attiré aussi par une forme de spiritualité, pour moi c'était normal puisque dans le village ou j'habitais j'avais une petite rue en face de chez moi qui me menait à trente mètres plus loin, à l'église Saint Sauveur, d'où se trouve la statue de Sainte Rita, la sauveuse des causes désespérées. Sur la gauche de mon habitation à cinquante mètres plus bas, sur la place de ce village, s'y trouve l'Abbaye Ste Marie avec sa Sainte tombe…

*Mon appartement était situé au-dessus d'une boutique dont j'aurais dû ouvrir en mars de cette même année une petite échoppe. Le nom que je lui avais approprié était : **{LES CENTS CIELS ECHOPPE DE L'APOTICAIRE}**.*

Cela me ressemblait totalement, cela aurait dû être un lieu de rencontre où l'on aurait échangé nos savoirs et partager avec tout un public divers, des enfants aux troisième âges…

Mais il en fût autrement ! Tout d'abord un coup de fil inattendu du voisin de mon père en m'annonçant qu'il était à l'hôpital à cause de son cœur. Donc j'ai changé de direction à une semaine de l'ouverture de la boutique. J'ai vécu deux mois chez mon père accompagné de ma fille.

*Et puis est venue la décision en juin de cette même année de préparer mon voyage. Mais ce n'était pas n'importe quel voyage. Je l'ai appelé : {**Mon Pèlerinage**}.*

J'ai commencé par préparer mon déménagement, tout liquider, vendre et donner mes meubles et placer mes cartons chez des amis...

Comme je viens de vous le citer plus haut c'était enfin le départ vers de nouveaux horizons, dans l'inconnu. Rien n'était vraiment précis sauf un rendez-vous pour le mois d'août, prévu en Isère pour rencontrer une nouvelle amie, d'où là aussi c'était l'inconnu ?

*C'est à partir de ce voyage que mon évolution {**ASTRAL !**} a commencé. Il y avait un mélange de la découverte, de spiritualité, du regard dans la profondeur de moi-même, des nouvelles rencontres même éphémères. Ensuite vient le moment de la rencontre avec ce qui est au-dessus. La rencontre et la découverte de L'Astral par lui-même. J'ai franchi les portes de cet Astral une à une. Car bien sûr il y en a plusieurs !*

*Enfin j'ai atteint le sacre des sacres : {**LA CRÉATION !**} ...*

EXPLICATION...

Enfin, nous arrivons au but principal de la raison de ce petit ouvrage. C'est celui d'expliquer et de donner quelques détails de ce qu'est la Psysiologilophie !

Car bien sûr toutes les explications détaillées ne seront pas dans ce petit livre, se sera simplement succinct, je pourrais même le nommer fascicule de la Psysiologilophie.

*En fait à la base il y eu un déclic par rapport à la voyance qui est devenue pour moi au fil du temps : {**La Voyance Astral !**} ...*

Ensuite en travaillant sur cette théorie, je devrais dire en prophétisant cette théorie, il y eu des bouleversements que j'appelle aujourd'hui évolution. Car il est vrai qu'à la base je classai cela dans la voyance, mais je me suis vite aperçu que quelque chose ne correspondait plus à de la voyance, mais bien au-delà de tout ça. Je m'en suis d'abord rendu compte en écrivant les voyances, les questions précises que mes consultantes ou consultants me posaient.

Je partais dans un voyage qui correspondait différemment à chacun de ces consultants. Ce sont avant tout des esprits tout comme moi. Et c'est là que la connexion Astral intervient ! J'étais moi-même à un moment décalé et perturbé par rapport à ce que je faisais. Je savais au fond de moi et à l'intérieur de moi, que cela ne pouvait plus correspondre à de la voyance. Quand je suis passé à la voyance par téléphone c'était pire et en même temps l'évolution était d'autant plus supérieure. Imaginez une voyance que l'on dit de vingt minutes où voir quarante minutes ne me suffisait plus. En fait il n'y a plus temps. Plus de temps figé, plus de temps fixé, donc plus de temps bloqué...

Un exemple une petite voyance que je disais passer en temps de 45 mn à 1 h, je passe environ 1 h 30. Une voyance complète Astral que je disais passer en temps de 2 h à voir un peu plus, en fait j'y passe très souvent quatre heures et parfois la personne me rappelle le lendemain car on n'a pas pu finir.

De là est née la Psysiologie ! Et encore une fois en peu de temps une autre évolution encore plus grande est née. Je me suis aperçu qu'une fois tout assemblé cela allait au-delà de mes attentes et de mes intentions.

La Psysiologilophie est née !!!

Antoine Dumanoir-Horn...

L'Hermite à l'entrée de sa grotte contemplant le monde de L'Astral, accompagné de ses êtres de lumière et de ses entités...

La méthode Psysiologilophie...

Qu'est-ce la Psysiologilophie ?

C'est une nouvelle méthode de développement personnel alliant voyance et psychologie. C'est aussi la composition de plusieurs méthodes assemblées, mais pas seulement ! Il y a bien sûr l'expérience et les recherches faites sûr l'individu. Ce sont au fil des années d'expériences et d'expérimentations qui m'ont fait évoluer en ce sens. Les prémices de cette nouvelle méthode sont nées en Décembre 2015, tout juste quelques mois après de ce que j'appelai ma création de la Voyance Astral !

Nous passons donc là une nouvelle ère, celle de la Psysiologilophie. Après avoir exercé ma méthode sur différents patients et consultantes, j'ai pris la décision de déposer ma méthode le 6 Février 2017 à L'I.N.P.I. **{La Psysiologilophie est née le 4 Juin 2016}**.

Disons que les prémices sont l'embryon donc la subtilité impalpable, presque non visible voire pas du tout, mais il y a une sensation de ressentis intérieur dépassant notre stratosphère. Elle est constituée de plusieurs éléments, matérielle, spirituelle, Astral, subtilité de la pensée voire pensée créatrice.

Cela en résulte de tout mon vécu au long de ma vie je dirais même de mon chemin du destin. Mais cela n'appartient pas qu'à moi puisque tous les êtres humains sur cette terre en font partis. Nous avons tous le même vécu ou presque. Toutes ces ressemblances d'une vie commune, tout ce que nous traversons d'une manière ou d'une autre chacun à son échelle.

Que ce soit dans la misère ou pauvreté, dans l'opulence ou la richesse, triste ou joyeux, seul ou accompagné. A travers toutes nos épreuves ou nos difficultés ou avec aisance et facilités, tous nous avons notre histoire à raconter. Tous ces faits cités font de nous notre existence qui nous amène à notre évolution personnelle ou spirituel.

Tout est fait en sorte qu'en nous, le nous intérieur, tout ce qui nous entoure, tout ce qui est matérialisé ou pas si subtil soit-il, tout est réglé comme une horloge. Je dirais donc que nous fonctionnons à la manière d'une horloge ce qu'on appelle : **« L'horloge biologique »**. *Tout est fait pour que nous soyons accrochés à quelque chose pour nos repères.*

Nos croyances, notre foi, notre évolution. Il y a des gens qui appellent cela une béquille, moi, je dirais que c'est notre bâton de pèlerin, celui qui nous permet d'avancer sur notre chemin. C'est celui sur lequel nous pouvons compter tout au long de notre vie sur terre.

Donc La Psysiologilophie est un concept où une méthode nouvelle de la psychologie en elle-même. Dans la Psysiologilophie il y a plusieurs méthodes mélangées. D'une part la tarologie avec les Tarots de Marseille en base, c'est le départ de tout. Ensuite il y a du magnétisme sous toutes ses formes : (Magnétisme personnel, Magnétisme transcendantale). Mais il y a aussi : (La Radionique S.E.A.D. (Soutient Energétique Astral à Distance) ...

Est compris dans la Psysiologilophie, la dance libre et intuitive, la danse Butoh. Ensuite se rajoute la méthode de sophrologie. Enfin et pour ma part je pense le plus important vient la Philosophie à travers la musique, car je travaille beaucoup avec la musique. Je l'expliquerai en détail dans mes futurs ouvrages.

*Il m'aura fallu plusieurs années de travail et d'expériences pour en arriver à cela et créé : **{La Psysiologilophie}**.*

Non seulement j'ai créé et innové ce nouveau concept mais aussi le nom et ses synonymes dont je vais citer ci-dessous :

- **Psysiologilophie.**
- **Psysiologie.**
- **Psysiologue.**
- **Psysiologolophogue.**
- **Psysiologiste.**

Je donnerais plus tard la signification de chacun de ces mots nouveaux.

Antoine Dumancir- Horn...

EPILOGUE...

Je vais donc terminer là mon petit ouvrage en vous promettant de vous donner une suite et quand je parle de suite, je ne vous dis pas quelle suite...

Nous parcourrons ensemble le monde du Tarot de Marseille vu par Antoine Dumanoir-Horn...

Nous passerons par différentes étapes pour comprendre et mieux appréhender le monde de la Psysiologilophie. Je vous expliquerai les détails précis des arcanes majeurs du tarot de Marseille suivi de la numérologie, du magnétisme, de la sophrologie etc... Nous découvrirons ensuite en profondeur la méthode de la voyance voire même de la clairvoyance en écoutant de la musique. Je vous emmènerai dans le monde de L'Astral. Je vous ferais voyager à travers tous ces mondes pour atteindre ce qui est le subtil de la psychologie accompagnée de la philosophie et arriver enfin à la Psysiologilophie...

Je vous conterai par moment mon pèlerinage, certaines de mes histoires vécues pour vous démontrer qu'à travers celles-ci nous pourront faire non pas que de la voyance, mais aller encore beaucoup plus loin dans la profondeur du soi et du moi.

Vous pourrez alors ensuite avoir les réponses à vos questions, vous retrouverez enfin votre chemin de vie, vous apprendrez aussi à vivre votre vraie vie.

Sachez que tout ce que je dis où que j'écris est ma vérité à moi, je ne vous oblige en rien de me croire. Que tout êtres humains sur terre est libre de ses actes et de ses croyances. Aucun esprit n'est la propriété de personne, à chacun sa responsabilité. Nous avons la chance d'être venu sur terre pour apprendre et partager notre savoir, afin d'évoluer pour franchir nos futures étapes non seulement terrestres mais aussi dans le monde infini de l'univers...

Antoine Dumanoir-Horn...

IMPORTANT !!!

Cet ouvrage a été conçu pour les personnes en recherche du savoir et du mystique.

Vous pourrez retrouver Antoine Dumanoir sur

http://antoine-dumanoir-horn.name/

http://voyance-pierre-horn.name/wordpress/